Gangjin Hunningtu Xiangxing Gongqiao Buchong Yusuan Ding'e

钢筋混凝土箱形拱桥补充预算定额

主编单位: 贵州省交通建设工程造价管理站(贵州省交通技术中心)
批准单位: 贵州省交通运输厅
实施日期: 2013 年 12 月 23 日

人民交通出版社

书　　名：钢筋混凝土箱形拱桥补充预算定额
著 作 者：贵州省交通建设工程造价管理站（贵州省交通技术中心）
责任编辑：周　宇
出版发行：人民交通出版社
地　　址：（100011）北京市朝阳区安定门外外馆斜街 3 号
网　　址：http://www.ccpress.com.cn
销售电话：（010）59757973
总 经 销：人民交通出版社发行部
经　　销：各地新华书店
印　　刷：中国电影出版社印刷厂
开　　本：880×1230　1/32
印　　张：1.375
字　　数：37 千
版　　次：2014 年 3 月　第 1 版
印　　次：2014 年 3 月　第 1 次印刷
书　　号：ISBN 978-7-114-11222-5
定　　价：15.00 元
（有印刷、装订质量问题的图书由本社负责调换）

图书在版编目（CIP）数据

钢筋混凝土箱形拱桥补充预算定额 / 贵州省交通建设工程造价管理站主编. — 北京 ：人民交通出版社，2014.3

ISBN 978-7-114-11222-5

Ⅰ. ①钢…　Ⅱ. ①贵…　Ⅲ. ①钢筋混凝土桥—箱形拱桥—预算定额　Ⅳ. ①U448.22

中国版本图书馆 CIP 数据核字（2014）第 036309 号

贵州省交通运输厅关于发布《钢筋混凝土箱形拱桥补充预算定额》的通知

黔交价〔2013〕1号

各市(州)交通运输局、贵州高速公路集团有限公司、省公路局:

由贵州省交通建设工程造价管理站(贵州省交通技术中心)承担的贵州省交通运输厅2013年科研项目——《钢筋混凝土箱形拱桥技术经济指标研究》,依托贵州省已建或在建的钢筋混凝土箱形拱桥,编制了针对钢筋混凝土箱形拱桥施工方法的预算定额,经专家评审并按评审意见修改完善后,现形成《钢筋混凝土箱形拱桥补充预算定额》,发布试行。

贵州省交通运输厅

2013年12月23日

《钢筋混凝土箱形拱桥补充预算定额》编委会

主编单位　贵州省交通建设工程造价管理站(贵州省交通技术中心)

参编人员　张胜林　张领先　车正伟

审查专家　方　申　董再更　陈天本　束　懿　杨　新

说　　明

一、本定额是以人工、材料、机械台班消耗量表现的工程预算定额。编制预算时,其人工费、材料费、机械使用费,应按照《公路工程基本建设项目概预算编制办法》(JTG B06—2007)的规定计算。

二、本定额是按照合理的施工组织和正常的施工条件编制的。定额中所采用的施工方法和质量标准是根据交通运输部现行的公路工程施工技术规范、公路工程质量评定标准以及安全操作规范取定的。除定额中规定允许换算者外,均不得因具体工程的施工组织、操作方法和材料消耗与定额的规定不同而变更定额。

三、本定额中的工作时间按每工日 8h 计算。

四、本定额中的工程内容均包括定额项目的全部施工过程。定额内除扼要说明施工的主要操作工序外,均包括准备与结束、场内操作范围内的水平与垂直运输、材料工地小搬运、辅助和零星用工、工具及机械小修、场地清理等工程内容。

五、本定额中的材料、成品、半成品均已包括场内运输及操作损耗,编制预算时,不得另行增加。其场外运输损耗、仓库保管损耗以及由于材料供应规格和质量不符合定额规定而发生的加工损耗,应在材料预算价格内考虑。

六、本定额中的周转性材料、模板、支撑、脚手架等的数量,已考虑了材料的正常周转次数并计入定额内,一般不应进行抽换。

七、本定额中只列工程所需的主要材料用量和主要机械台班数量。对于次要、零星材料和小型施工机具均未一一列出,分别列入“其他材料费”及“小型机具使用费”内,以“元”表示,编制预算即按此计算。

八、本定额中的施工机械种类、规格是按一般合理的施工组织确定的,如施工中实际采用机械的种类、型号与定额规定不一致,一律不得换算。

九、本定额中的施工机械的台班消耗,已考虑了工地合理的停置、空转和必要的备用量等因素。

十、本定额表中注明“某某数以内”或“某某数以下”者,均包括某某数本身;而注明“某某数以外”或“某某数以上”者,均不包括某某数本身。定额内数量带“(　)”者,则表示基价中未包括其价格。

十一、本定额中的基价是人工费、材料费、机械使用费的合计值。基价中的人工费、材料费基本上是按照北京市2007年的人工、材料预算价格计算的。机械使用费用按照2007年交通运输部公布的《公路工程机械台班费用定额》(JTG/T B06-03—2007)计算。其中的缺项的机械使用费按本定额附录1“贵州省补充公路工程机械台班费用定额表”取定。

(一)混凝土工程

1. 本定额中混凝土均按照露天养生考虑;如采用蒸汽养生时,应从各有关定额中扣减人工1.5工日及其他材料费4元,并按蒸汽养生有关定额计算。

2. 本定额采用泵送混凝土均包括水平和向上垂直泵送所消耗的人工、机械;当水平泵送距离超过定额综合范围时,可按下表增列人工及机械消耗量。向上垂直泵送不得调整。

项　　目	定额综合的水平泵送距离（m）	每 100m^3 混凝土每增加水平距离 50m 增列数量	
		人工（工日）	混凝土输送泵（台班）
拱圈	50	2.82	0.36

（二）钢筋工程

1. 定额中凡钢筋的接头，除注明为钢筋套筒连接外，均采用电弧搭接焊或电阻对接焊。

2. 定额中的钢筋按选用图纸分为 HPB300、HRB400；如设计图纸的钢筋比例与定额有出入时，可调整钢筋品种的比例关系。

3. 定额中的钢筋是按照一般定尺长度计算的；如设计提供的钢筋连接用钢套筒数量与定额有出入时，可按照设计数量调整定额中钢套筒的消耗，其他消耗不得调整。

（三）模板工程

1. 模板不单列项目。混凝土中工程中所需的木模板、组合钢模板均按照其周转摊销量计入混凝土定额中。

2. 定额中的模板均为常规模板；当设计或施工对混凝土结构的外观有特殊要求需要对模板进行特殊处理时，可根据定额中所列的混凝土模板接触面积增列相应的特殊模板材料费用。定额中组合钢模板指市场供应的各种型号的组合模板，其质量仅为组合钢模板的质量，不包括立模所需支撑、拉杆等配件，定额中已计入所需配件材料的摊销量；木模板按工地制作编制，定额中将制作所需工、料、机台班按周转摊销量计算。

3. 定额中均已包括各种模板的维修、保养所需要的工、料及费用。

4. 定型钢模板的周转次数,预制为 80 次,现浇为 50 次。

十二、本定额支架有效宽度按 12m 计,如实际宽度与定额不同时可按比例换算。稳定支架的缆风设施已计入本定额内。钢管的周转次数为 40 次。

十三、定额中的钢管支架指采用直径大于 30cm 的钢管作为立柱,在立柱上采用金属构件搭设水平支撑平台的支架,其中下部指立柱顶面以下部分,上部指立柱顶面以上部分。下部工程量按立柱质量计算,上部工程量按支架结构梁水平投影面积计算。

目　　录

4－9－3　桥梁支架(新增)……………………………………………………………… 1
4－9－5　钢管柱支架(修订)…………………………………………………………… 2
4－7－34－4　缆索吊装施工设备(修订)……………………………………………… 4
4－9－2　桥梁拱盔(修订)……………………………………………………………… 6
4－9－6　支架预压(新增)……………………………………………………………… 8
4－6－12　现浇拱桥上部构造(新增)………………………………………………… 9
4－6－13　悬臂浇筑(新增)…………………………………………………………… 11
4－6－14　磨心、磨盖混凝土、钢筋(新增)…………………………………………… 13
4－6－15　转体实施(新增)…………………………………………………………… 15
4－7－20　预应力钢筋、钢丝束及钢绞线(新增)……………………………………… 16
4－7－31　金属结构吊装设备(新增)………………………………………………… 19
附录1　贵州省补充公路工程机械台班费用定额表…………………………………… 20
附录2　定额基价人工、材料单位质量、单价表……………………………………… 21
附录3　施工图片……………………………………………………………………… 23

4-9-3　桥梁支架(新增)

工程内容　1)钢管的安装、拆除;2)支架上帽梁的安装、拆除。

Ⅲ. 拱桥满堂钢管支架

单位:10m² 立面积

顺序号	项　目	单位	代号	满堂式钢管支架 支架高度(m) 6 以内	12 以内	18 以内
1	人工	h	1	6.8	8.0	8.8
2	锯材	m^3	102	0.046	0.027	0.020
3	型钢	t	182	0.018	0.010	0.006
4	钢管	t	191	0.060	0.057	0.054
5	铁件	kg	651	1.8	1.2	0.6
6	12t 以内汽车式起重机	台班	1451	0.23	—	—
7	16t 以内汽车式起重机	台班	1452	—	0.27	0.32
8	基价	元	1999	970	1018	1055

注:本定额不仅适用于起拱线以下支架,同样适用于起拱线以上拱盔部分,桥梁拱盔面积计算仍采用《公路工程预算定额》(JTG/T B06-02—2007)第四章第9节说明中的第9条。

4-9-5 钢管柱支架(修订)

工程内容 1)钢管桩的安装、焊接,钢板、型钢的加工;2)起重机吊装钢管立柱、栓接、焊接、横向连接焊接及其拆除;3)平台搭设与拆除。

单位:10t 及 $100m^2$

顺序号	项目	单位	代号	下部	上部
				10t	$100m^2$
				1	2
1	人工	工日	1	78.3	214.9
2	锯材	m^3	102	—	0.184
3	型钢	t	182	—	2.374
4	钢板	t	183	—	1.251
5	电焊条	kg	231	7.2	8.1
6	钢管桩	t	262	1.04	—
7	铁件	kg	651	1.2	0.575
8	其他材料费	元	996	53.3	37.3
9	设备摊销费	元	997	—	7448
10	20t 以内载货汽车	台班	1379	1.21	4.2
11	30t 以内的汽车式起重机	台班	1455	1.57	4.58

续前页

单位:10t 及 $100m^2$

顺序号	项　　目	单位	代号	下　　部	上　　部
				10t	$100m^2$
				1	2
12	50kN 以内单筒慢动卷扬机	台班	1500	2.6	7.81
13	32kV·A 以内交流电弧焊机	台班	1726	2.87	7.04
14	小型机具使用费	元	1998	88.1	130.1
15	基价	元	1999	12996	44251

注:1. 上部定额中每 $100m^2$ 综合的金属设备质量为 13.30t,设备摊销费按每 t 每月 140 元,并按使用 4 个月编制;如施工工期不同时,可以调整。

2. 下部定额中钢管桩消耗量为陆地上搭设钢管桩支架的消耗,若为水中搭设钢管桩支架时,应将定额中的钢管桩消耗量调整为 3.467t,其余消耗量不变。

4-7-34-4　缆索吊装施工设备(修订)

工程内容　钢塔架:1)钢塔架安装、拆除;2)塔架缆风绳地锚挖基、浇筑混凝土以及拴缆风绳。

Ⅰ.塔　　架

单位:10t 金属设备

顺序号	项　　目	单位	代号	钢塔架
				10t
				4
1	人工	工日	1	108.3
2	C30 水泥混凝土	m^3	20	(4.86)
3	原木	m^3	101	0.005
4	锯材木中板 $\delta=19\sim35$	m^3	102	0.334
5	HPB300 钢筋	t	111	0.004
6	钢丝绳	t	221	0.074
7	电焊条	kg	231	32.8
8	钢板	t	183	0.226
9	铁件	kg	651	—
10	铁钉	kg	653	—
11	32.5 级水泥	t	832	1.831
12	水	m^3	866	6

续前页

单位:10t 金属设备

顺序号	项　目	单位	代号	钢塔架
				10t
				4
13	中(粗)砂	m^3	899	2.23
14	碎石(4cm)	m^3	952	4.03
15	其他材料费	元	996	25.3
16	设备摊销费	元	997	5600
17	30kN 以内单筒慢动电动卷扬机	台班	1499	14.00
18	50t 汽车式起重机	台班	1457	1.28
19	32kV·A 交流电弧焊机	台班	1726	3.02
20	小型机具使用费	元	1998	51.2
21	基价	元	1999	18784

注:1. 钢塔架基础未包含在本定额内,若发生需套用其他适用定额。

2. 本定额钢塔架设备摊销费按每 t 每月 140 元,并按使用 4 个月编制;如施工工期不同时,可以调整。

4－9－2　桥梁拱盔(修订)

工程内容　钢拱架:1)全套金属设备的安装、拆除;2)脚手架、工作台、铁梯等附属设备的制作、安装、拆除;3)临时钢材拱座、分配梁、落架砂筒、反力架的安装及拆除;4)拱架横移。

单位:10t 钢拱架

顺序号	项　目	单位	代号	钢拱架		
				安装及拆除	横移(10m)	每增减 2m
				10t	10t	10t
				8	9	10
1	人工	工日	1	50.8	16.4	1.97
2	原木	m^3	101	—	—	—
3	锯材	m^3	102	0.604	—	—
4	HPB300 钢筋	t	111	0.020	—	—
5	钢丝绳	t	221	0.320	—	—
6	铁件	kg	651	72.5	—	—
7	铁钉	kg	653	0.9	—	—
8	钢板	t	183	—	0.520	0.047
9	预应力粗钢筋	t	121	—	0.019	0.002
10	32.5 级水泥	t	832	0.140	—	—
11	石油沥青	t	851	—	—	—
12	水	m^3	866	1	—	—

续前页　　　　单位:10t 钢拱架

顺序号	项　目	单位	代号	钢拱架		
				安装及拆除	横移(10m)	每增减 2m
				10t	10t	10t
				8	9	10
13	中(粗)砂	m^3	899	0.34	—	—
14	碎石(4cm)	m^3	952	0.32	—	—
15	设备摊销费	元	997	5600	—	—
16	25t 汽车式起重机	台班	1454	3.95	—	—
17	50kN 以内单筒慢动电动卷扬机	台班	1500	1.05	—	—
18	650kN 以内预应力拉伸机	台班	1343	—	0.24	0.019
19	300t 以内液压千斤顶	台班	1559	—	0.12	—
20	小型机具使用费	元	1998	7.5	4.5	0.45
21	基价	元	1999	15997	3233	318

注:1. 本定额中未包括钢拱架的混凝土临时拱座,若发生需套用其他适用定额,本定额中临时钢材拱座是用作拱架横移的临时钢结构。

2. 本定额设备摊销费按每 t 每月 140 元,并按使用 4 个月编制,如施工工期不同时,可以调整。

3. 钢拱架全套设备推荐用钢量如下:

标准跨径(m)	60		80		100		120		140		150	
拱箱宽度(m)	8	10	8	10	8	10	8	10	8	10	8	10
全套设备质量(t)	186	224	248	297	311	362	414	483	439	513	545	624

4-9-6 支架预压(新增)

工程内容 1)水箱钢管支架搭设、拆除;2)水箱安装、敷设防水布;3)抽水、预压、卸载、清理等。

单位:10m^2 水平投影面积

顺序号	项目	单位	代号	水箱预压
				2
1	人工	工日	1	19.8
2	锯材	m^3	102	0.781
3	钢管	t	191	0.023
4	胶管	m	685	1.813
5	其他材料费	元	996	69.9
6	25t 汽车式起重机	台班	1454	0.56
7	150mm 以内单级自吸式水泵	台班	1672	0.25
8	50kN 以内单筒慢动电动卷扬机	台班	1500	2.25
9	小型机具使用费	元	1998	157.8
10	基价	元	1999	3370

注:1. 水箱预压定额仅适用于采用水箱预压的钢筋混凝土拱桥。

2. 预压荷载按拱圈底板厚度的 1.2 倍考虑。

3. 水平投影面积指拱圈结构水平投影面积。

4－6－12　现浇拱桥上部构造(新增)

工程内容　1)模板制作、安装拆除、修理、涂脱模剂、堆放;2)钢材除锈、制作、成型、电焊、绑扎、入模、安装;3)混凝土浇筑、捣固及养生。

Ⅲ.箱形拱桥

单位:10m³ 及 1t

顺序号	项　目	单位	代号	主拱圈混凝土	钢　材		
				主拱圈	钢筋(套筒)	型钢骨架横隔板	拱顶合龙段型钢骨架
				10m³	1t		
				17	18	19	20
1	人工	工日	1	81.5	8.7	8.2	31.7
2	C45 水泥混凝土	m³	23	(10.40)	—	—	—
3	锯材	m³	102	0.237	—	—	—
4	HPB300 钢筋	t	111	—	0.180	0.120	0.130
5	HRB400 钢筋	t	112	—	0.845	—	—
6	型钢	t	182	—	—	0.74	—
7	钢板	t	183	—	—	0.14	0.05
8	钢管	t	191	0.003	—	—	0.82
9	电焊条	kg	231	—	7.2	34.5	30.5
10	钢筋连接套筒	个	232	—	14.65	—	—

续前页　　　　单位：$10m^3$ 及 1t

顺序号	项　目	单位	代号	主拱圈混凝土	钢　材		
				主拱圈	钢筋（套筒）	型钢骨架横隔板	拱顶合龙段型钢骨架
				$10m^3$	1t		
				17	18	19	20
11	组合钢模板	t	272	0.075	—	—	—
12	铁件	kg	651	20.5	—	—	—
13	铁钉	kg	653	8.65	—	—	—
14	20～22 号铁丝	kg	656	5.65	3.5	—	—
15	42.5 级水泥	t	833	5.034	—	—	—
16	水	m^3	866	21	—	—	—
17	中（粗）砂	m^3	899	6.02	—	—	—
18	碎石（2cm）	m^3	951	7.592	—	—	—
19	其他材料费	元	996	1363.08	—	—	21.3
20	$60m^3/h$ 以内混凝土输送泵	台班	1316	0.22	—	—	—
21	50kN 以内单筒慢速卷扬机	台班	1500	3.87	—	—	—
22	32kV·A 以内交流电焊机	台班	1726	2.26	1.25	9.94	19.24
23	小型机具使用费	元	1998	21.43	451.36	15.36	—
24	基价	元	1999	11159	4667	5385	8995

4-6-13　悬臂浇筑(新增)

工程内容　起步段混凝土:模板制作、安装拆除、修理、涂脱模剂、堆放、混凝土浇筑,捣固养生。

悬臂浇筑混凝土:移动悬浇挂篮、模板制作、安装拆除、修理、涂脱模剂、堆放、混凝土浇筑,捣固养生。

钢筋:除锈、下料、制作、电焊、接长(套筒)连接位等全部工作。

单位:$10m^3$ 及 1t

顺序号	项　目	单位	代号	起步段混凝土	悬臂浇筑混凝土	钢筋(套筒连接)
				$10m^3$	$10m^3$	t
				1	2	3
1	人工	工日	1	39.76	27.97	8.25
2	C50 水泥混凝土	m^3	23	(10.40)	(10.40)	—
3	锯材	m^3	102	0.158	0.087	—
4	HPB300 钢筋	t	111	—	—	0.180
5	HRB400 钢筋	t	112	—	—	0.845
6	型钢	t	182	0.132	0.042	—
7	钢板	t	183	—	0.032	—
8	钢管	t	191	0.785	0.003	—
	钢丝绳	t	221	—	—	—
9	电焊条	kg	231	1.6	3	3.5
10	钢筋连接套筒	个	232	—	—	15.75
11	定型钢模板	t	2722	0.021	0.0498	—

续前页　　　　单位：$10m^3$ 及 1t

顺序号	项　　目	单位	代号	起步段混凝土	悬臂浇筑混凝土	钢筋(套筒连接)
				$10m^3$	$10m^3$	t
				1	2	3
12	铁件	kg	651	24.543	24.053	—
13	20~22 号铁丝	kg	656	—	—	4.6
14	42.5 级水泥	t	833	4.41	4.41	—
15	水	m^3	866	21	21	—
16	中(粗)砂	m^3	899	5.824	5.824	—
17	矿粉	t	949	0.53	0.53	—
18	碎石(2cm)	m^3	951	7.59	7.59	—
19	其他材料费	元	996	1217.8	1180.8	—
20	$60m^3/h$ 以内混凝土输送泵	台班	1308	0.153	0.203	—
21	50kN 单筒慢速电动卷扬机	台班	1500	2.06	1.31	—
22	ZB4-500 电动油泵	台班	1550	—	1.67	—
23	100t 以内液压千斤顶	台班	1557	—	1.67	—
24	ϕ100mm 电动多级水泵(<120m)	台班	1663	0.41	0.35	—
25	32kV·A 以内交流电焊机	台班	1726	0.65	0.25	1.19
26	小型机具使用费	元	1998	19.61	19.61	18.86
27	基价	元	1999	12379	6904	4662

注：C50 混凝土配合比为水泥∶矿粉∶砂∶碎石∶水∶硅粉 = 1∶0.12∶1.99∶2.59∶0.38∶0.05。

4-6-14 磨心、磨盖混凝土、钢筋(新增)

工程内容 磨心混凝土:准备工作;定型钢板安装;混凝土运输、浇筑、捣固及养生。

磨盖混凝土:准备工作;定型钢板安装;混凝土运输、浇筑、捣固及养生、磨心磨盖转动磨合。

钢筋:钢筋除锈、下料、制作、场内运输、点焊、定位等全部工作。

单位:$10m^3$ 及 1t

顺序号	项目	单位	代号	磨心混凝土	磨盖混凝土	钢筋
				$10m^3$	$10m^3$	t
				1	2	3
1	人工	工日	1	12.5	15.7	11.20
2	C50 水泥混凝土	m^3	23	(10.40)	(10.40)	—
3	锯材	m^3	102	0.013	0.011	—
4	HPB300 钢筋	t	111	—	—	0.051
5	HRB400 钢筋	t	112	—	—	0.974
6	钢管	t	191	0.001	0.001	—
7	钢丝绳	t	221	—	0.002	—
8	定型钢模板	t	2722	0.38	0.21	—
9	电焊条	kg	231	—	—	3.1
10	20~22 号铁丝	kg	656	—	—	3.4

续前页　　　　单位:$10m^3$ 及 1t

顺序号	项　目	单位	代号	磨心混凝土	磨盖混凝土	钢　筋
				$10m^3$	$10m^3$	t
				1	2	3
11	42.5 级水泥	t	833	5.449	5.449	—
12	水	m^3	866	21	21	—
13	中(粗)砂	m^3	899	4.58	4.58	—
14	碎石(2cm)	m^3	951	7.8	7.8	—
	其他材料费	元	996	1207.6	947.36	—
15	$60m^3/h$ 以内混凝土输送泵	台班	1308	0.1	0.09	—
16	单筒慢速电动卷扬机	台班	1502	—	0.73	—
17	φ100mm 电动多级水泵(<120m)	台班	1663	0.28	0.28	—
18	32kV·A 以内交流电弧焊机	台班	1726	—	—	0.76
19	小型机具使用费	元	1998	16.7	16.7	31.3
20	基价	元	1999	7319	6167	4179

注:C50 水泥混凝土配合比为水泥: 砂: 碎石: 水 =1: 1.27: 2.17: 0.05。

4－6－15　转体实施(新增)

工程内容　清理下盘、试运转、正式运转、调拱高程、固定焊接。

单位:100t

顺序号	项　目	单位	代号	转体施工	
				转体 90°	转体每增加(减少)15°
				1	2
1	人工	工日	1	0.72	0.12
2	ZB4-500 电动油泵	台班	1550	0.045	0.0075
3	300t 以内液压千斤顶	台班	1559	0.045	0.0075
4	32kV·A 以内交流电焊机	台班	1726	0.018	0.0030
5	其他材料费	元	996	837	—
6	基价	元	1999	891	9

4－7－20 预应力钢筋、钢丝束及钢绞线(新增)

工程内容 钢绞线的运输、穿引、张拉、卸载、整理。

Ⅳ. 扣 挂 系 统

单位:1t 及 10t

顺序号	项 目	单位	代号	临时预应力钢绞线	扣 塔
				t	10t
				1	2
1	人工	工日	1	5.37	128.1
2	钢绞线	t	125	0.8	—
3	钢丝绳	t	221	—	0.092
4	电焊条	kg	231	—	0.3
5	塑料波纹管	m	786	22.4	—
6	其他材料费	元	996	3017.3	39.4
7	设备摊销费	元	997	—	5600
8	P 锚挤压器	台班	1556	0.31	—
9	300t 以内液压千斤顶	台班	1559	0.38	—
10	ZB4-500 电动油泵	台班	1550	0.38	—
11	32kV·A 以内交流电焊机	台班	1726	—	0.031

续前页

单位：$10m^3$ 及 1t

顺序号	项　　目	单位	代号	临时预应力钢绞线	扣　　塔
				t	10t
				1	2
12	小型器具使用费	元	1998	25.6	53.4
13	基价	元	1999	8839	12539

注：1. 扣塔设备全套参考质量如下：

金属塔架设备全套质量

塔高（m）	12	20	30	40	50	60	70	80
设备质量（t）	69	115	173	230	288	345	403	460

2. 设备摊销费按每 t 每月 140 元，并按照使用 4 个月编制，如施工工期不同时，可以调整。

V. 体外环氧钢绞线

单位:1t

顺序号	项　目	单位	代号	体外环氧钢绞线
				t
				V
1	人工	工日	1	8.9
2	环氧钢绞线	t	126	0.8
3	塑料波纹管	m	786	20.8
4	P 锚挤压器	台班	1556	0.28
5	300t 以内液压千斤顶	台班	1559	0.30
6	ZB4-500 电动油泵	台班	1550	0.32
7	其他材料费	元	996	3188.2
8	小型器具使用费	元	1998	20.7
9	基价	元	1999	8976

4－7－31 金属结构吊装设备(新增)

工程内容 全套金属设备(包括起吊设备及钢轨)的安装、拆除、调试,脚手架、工作平台、铁(木)梯等附属设备的制作、安装、拆除,前场堆载预压、测量配合等相关工作。

单位:10t

顺序号	项目	单位	代号	斜爬挂篮
				t
				14
1	人工	工日	1	113.9
2	钢丝绳	t	221	0.004
3	电焊条	kg	231	5.3
4	其他材料费	元	996	25.5
5	设备摊销费	元	997	5600
6	32kV·A 以内交流电焊机	台班	1726	0.02
7	小型器具使用费	元	1998	32.5
8	基价	元	1999	11313

注:设备摊销费按每 t 每月 140 元,并按照使用 4 个月编制,如施工工期不同时,可以调整。

附录1　贵州省补充公路工程机械台班费用定额表

代　　号			1550	1556
机械名称及型号	单位		ZB4-500 电动油泵	P 锚挤压器
不变费用	折旧费	元	15.9	2.82
	大修理费	元	1.6	1.94
	经常修理费	元	4.93	5.82
	安装拆卸及辅助设施费	元	—	—
	小计	元	22.4	10.58
可变费用	人工	工日	2	—
	汽油	kg	—	—
	柴油	kg	—	—
	重油	kg	—	—
	煤	kg	—	—
	电	kW·h	456.39	—
	水	m^3	—	—
	木材	kg	—	—
	养路费及车船使用税	元	—	—
定额基价		元	371.29	10.58

附录2　定额基价人工、材料单位质量、单价表

顺序号	项　目	单位	规　格	单位	单位质量（kg）	城内运输损耗（%）	单价（元）
1	人工	1	—	工日	—	—	49.2
2	锯材	102	中板厚度19～35mm，中方混合规格	m^3	650	15	1350
3	光圆钢筋	111	直径10～14mm	t	1000	2.5	3300
4	带肋钢筋	112	直径15～24mm、25mm以上	t	1000	2.5	3400
5	环氧钢绞线	126	带环氧涂层的钢绞线	t	1000	4	9000
6	型钢	182	工字钢、角钢	t	1000	6	3700
7	钢板	183	A_3，厚度5～40mm	t	1000	6	4450
8	钢管	191	无缝钢管	t	1000	4	5610
9	钢管桩	262		t	1000	2	5000
10	电焊条	231	结422（502、506、507）3.2mm、4.0mm、5.0mm	kg	1	10	4.9
11	钢筋连接套筒	232	φ16～φ40mm	个		1	9.00

续前页

顺序号	项　目	单位	规　格	单位	单位质量（kg）	城内运输损耗（%）	单价（元）
12	铁件	651	铁件	kg	1	2	4.40
13	20~22 号铁丝	656	镀锌铁丝	kg	1	2	6.10
14	铁钉	653		kg	1	2	6.97
15	塑料波纹管（ϕ100mm）	786		m		6	14
16	42.5 级水泥	833		t	1000	2	350
17	水	866		m^3	1000	0	0.50
18	中（粗）砂	899	混凝土砂用堆方	m^3	1430	4	60.0
19	碎石（4cm）	952	最大粒径 4cm 堆方	m^3	1500	2	55

附录3　施 工 图 片

图1　钢管支架临时基础

图2　钢管支架立柱

图3　钢管支架

图4　拱圈浇筑完成

图5　跨河道支架

图6　拱座模板

图7　满堂支架

图8　钢管支架贝雷片

图 9　钢管立柱接头

图 10　钢管支架贝雷梁

图 11　临时基础砂袋围堰

图 12　临时冲孔基础

图 13　木蓬特大桥挂篮悬浇过程

图 14　锚碇

图 15　扣塔

图 16　拱箱钢筋绑扎

图 17　节段浇筑

图 18　悬浇扣、背索

图 19　悬拼钢拱架水箱预压

图 20　悬拼钢拱架预压卸载

图 21　悬拼钢拱架上拱箱底板浇筑

图 22　悬拼钢拱架上拱箱腹板、隔板浇筑

图 23　转体磨心钢筋

图 24　转体磨心(涂四氟黄油)

图 25　转体磨盖

图 26　桥梁平转

作品登记证书

登 记 号：黔作登字22-2014-A-1172号

作品/制品名称：《钢筋混凝土箱型拱桥补充预算定额》　　作品类型：文字作品

作　　者：张胜林、张领先、车正伟　　著作权人：贵州省交通建设工程造价管理站（贵州省交通技术中心）

首次发表时间：　　首次出版/制作日期：2013年12月01日

以上事项，由贵州省交通建设工程造价管理站（贵州省交通技术中心）申请，经　贵州省版权局　审核，根据《作品自愿登记试行办法》规定，予以登记。

登记日期：　2014年02月28日　　登记机构签章